Hans-Martin Haist

geb. 1957, als Sohn eines vom Krieg und Gefangenschaft total zerstörten Vaters. Hier lernte ich von klein auf „mit zu spüren" wie zerstörerisch Gewalt in der Seele eines Menschen wirkt. Später arbeitete ich zehn Jahre als Krankenpfleger, davon viele Jahre in einer interdisziplinären Notaufnahme. Seit 15 Jahren selbstständig als Heimleiter zweier heilpädagogischer Kinderheime und der Kinderwerkstatt EIGEN-SINN mit fast 100 benachteiligten Kindern und Jugendlichen und deren Familien. Alles Menschen und Familiensysteme, die irgendwo im Bereich der „Gefühlten Gewalt" leben, kämpfen und teilweise noch hoffen. Gewalt ist eben mehr als Schlagen, sie ist vielschichtig, oft unsichtbar.

„Es bleibt ein Erlebnis von unvergleichlichem Wert, dass wir die großen Ereignisse der Weltgeschichte einmal von unten – aus der Perspektive der Ausgeschalteten, der Beargwöhnten, Schlechtbehandelten, Machtlosen, Unterdrückten und Verhöhnten – kurz der Leidenden sehen gelernt haben."

Dietrich Bonhoeffer, deutscher Widerstandskämpfer, der am 9. April 1945 ermordet wurde

Die Seele zu spüren, Motive und systemische Entwicklungen zu entdecken, fasziniert mich täglich. Im Anti-Gewalt-Training zu entdecken, wie Menschen zu Gewalttätern werden und neue Wege des LebenSINNs gemeinsam zu erarbeiten, was teilweise sehr hart ist. Es ist für mich ein Vorrecht, so tief mit Menschen arbeiten zu dürfen und ich will diesen Menschen und ihrem „so geworden sein" ein Bild geben.

Im Umgang mit Tätern und Opfern kommen mir Bilder, die ich darzustellen versuche. Die Entwicklung eines Bildes oder einer Skulptur kostet mich unheimlich viel physische und psychische Kraft. Malen ist für mich keine Entspannung. Es geht mir nicht darum, etwas Schönes zu gestalten, sondern Motive der „gefühlten Gewalt" wirklich werden zu lassen.

Keine Form der Gewalt darf je zu einem normalen Gut unserer Gesellschaft werden, tagtäglich müssen wir uns damit auseinandersetzen und uns immer fragen, sind wir heute Opfer oder Täter und was tun wir dagegen…

„Die Welt wird nicht bedroht von den Menschen, die böse sind, sondern von denen, die das Böse zulassen."

Albert Einstein

Gefühlte Gewalt

Wer Gewalt erlebt hat, wird oft ein Leben lang mit „gefühlter Gewalt" leben. Ohnmacht, Hilflosigkeit und Verzweiflung sind zwar ungebetene Gäste in der Innenwelt, haben aber die Tendenz sich im Gefühlshaushalt breit zu machen, so als ob sie zur Familie gehörten. Irgendwann weiß man es dann selbst nicht mehr, ob sie nun wirklich etwas dort zu suchen haben und irgendwie ist der Schmerz familiär geworden. Aber nicht befreundet.

Im Prozess, sich wieder mit dem eigenen Innenleben freundlich und freundschaftlich zu fühlen, gibt es viele Hilfen zur Bewältigung. Aber keine, die den Wunsch ersetzen, sich selbst zum Helfer werden zu können und zu wollen. Und genau da setzt meiner Meinung nach Hans-Martin Haist an: die Kunst hilft Menschen, die – vielleicht vor langer Zeit – Gewalt erlebt haben und sie immer wieder neu fühlen, sich mit dieser gefühlten Gewalt auseinanderzusetzen. Dabei, sich selbst nicht mehr dafür zu hassen, dass Gewalt erlebt wurde. Sondern: Sich mit sich selbst zu befreunden. Vertraut zu werden mit gefühlter Sicherheit, Geborgenheit, gesunden Grenzen und Hoffnung. Diese neuen Erfahrungen, anfangs vielleicht seltene Gäste, können aber bei uns zuhause sein. Sie sollen sich zu tragenden Säulen unserer Gedankengebäude und Gefühlswelt entwickeln. Und auch wenn der Schmerz nie ganz verschwindet, bekommt er einen immer kleineren Platz und damit weniger Macht.

Die Bilder und Texte „Gefühlte Gewalt" sprechen viele Menschen an, auch solche, die selbst nicht Opfer waren oder sind. Vielleicht deswegen, weil jeder und jede doch irgendwie auf der Suche nach Versöhnung ist und Frieden mit Gott und der Welt, mit sich selbst und seiner Geschichte sucht.

Ulrich Giesekus
BeratungenPlus, Freudenstadt

Hoffnung im Schmerz

Trotzdem ja zum Leben sagen

Leben

Kindliche Schreie gegen Unrecht
niemand will sie hören
sie tun weh
pubertäre Schreie gegen Unrecht
auch sie verhallen
– wofür hat man die Stimme?
– die Wunden werden tiefer und breiter
Heilung unmöglich
erwachsene Schreie
gegen Unrecht?
– oder nur noch, weil du überleben willst? Schreie überall – an alle
niemand ist da – der hört
Schreien entspricht Schweigen
Stille heilt
du wirst ruhiger
ohnmächtig
die Wunden heilen – werden zu Hornhaut
du empfindest nichts mehr
du lebst
endlich wieder einer, der erkannt hat,
wo's lang geht

Hans-Martin Haist

Der Durchbrecher

Der sichere Ort

Neu Beginnen

Zuerst nach dem Grauen
Überleben lernen.
Misstrauen lernen,
die Zähne zusammenbeißen lernen.
Sich verschließen lernen,
nichts mehr davon wissen wollen lernen.
Durchhalten und kämpfen lernen.
Dann – vielleicht,
weil dein Hartsein
dich langsam zu töten beginnt –
dem Leiden einen Namen geben.
Das Schweigen brechen.
Dem Schrei erlauben,
das Herz zu verbrennen,
und die Welt
in Asche versinken zu lassen.
Mit trockenen Tränen
das Licht löschen,
stumm werden
in der Dunkelheit!

Jetzt – endlich
der Stille lauschen.
Einem anderen Leuchten
Raum geben,
und sich davon
berühren lassen.

Und dann:
Leben lernen,
hoffen lernen,
lächeln lernen,
berühren und berührt werden lernen,
vertrauen lernen,
lieben lernen.

      Luise Reddemann

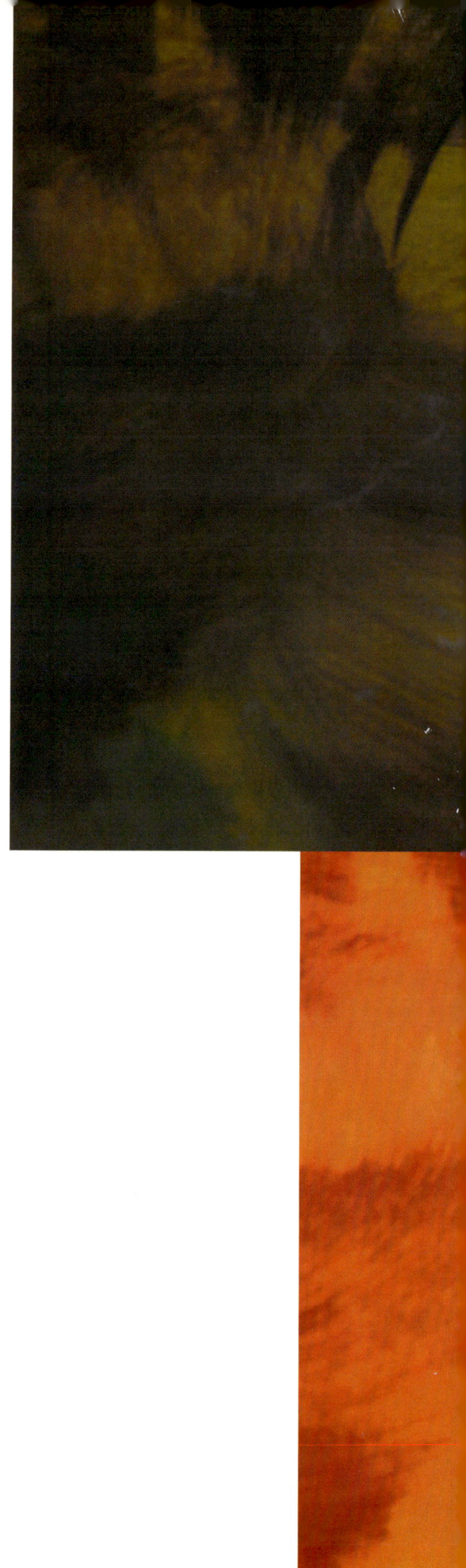

Das kalte Herz

Hoffnung

Heile Welt

Dämmerschlaf in totem Leben
du bist ausgeglichen
Melancholie –
erste Wehen zum Leben
du wirkst ausgeglichen
tiefe Depression
Akrobatik am Abgrund
schwere Geburt des Glaubens
du maskierst dich mit Ausgeglichenheit
erste Erfahrungen des neuen Lebens
langsame schmerzhafte Umkehr
du wirst ausgeglichener
Übrigens
Jesus lebt
er lebt in meiner Nähe
ich habe ihn getroffen in meiner Depression
er hat mir sehr geholfen
Übrigens, wo warst du? Lebst du?

Hans-Martin Haist

Stalking

Hoffnung in der Gefangenschaft

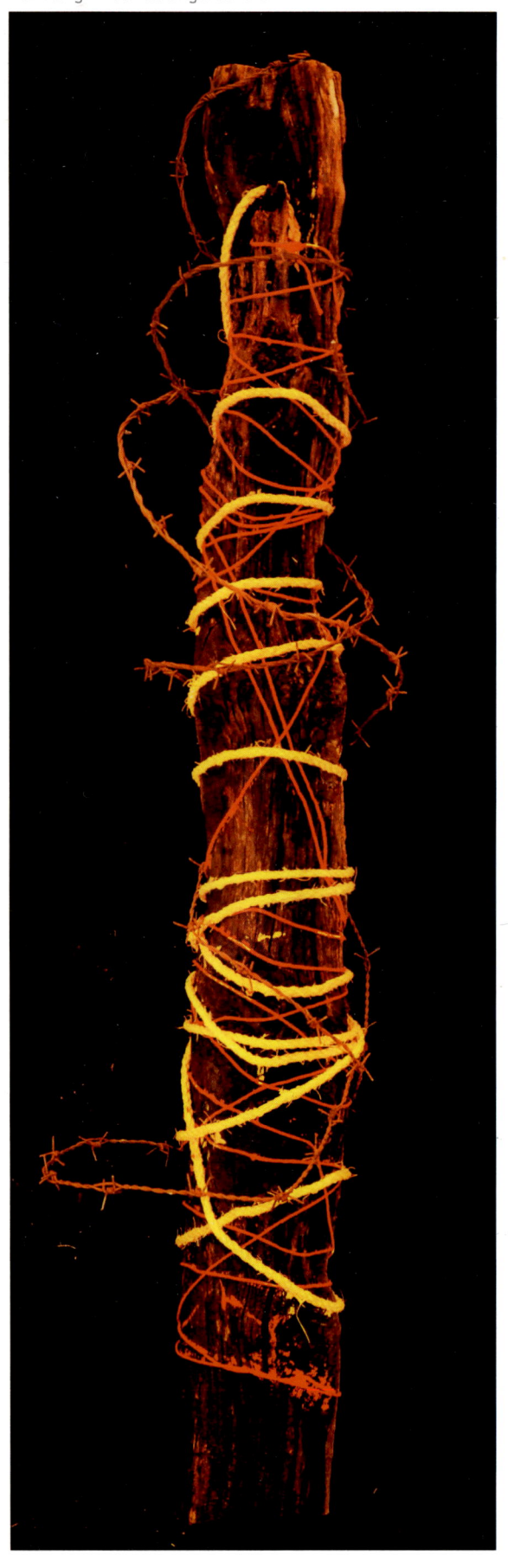

Gnadenstrom

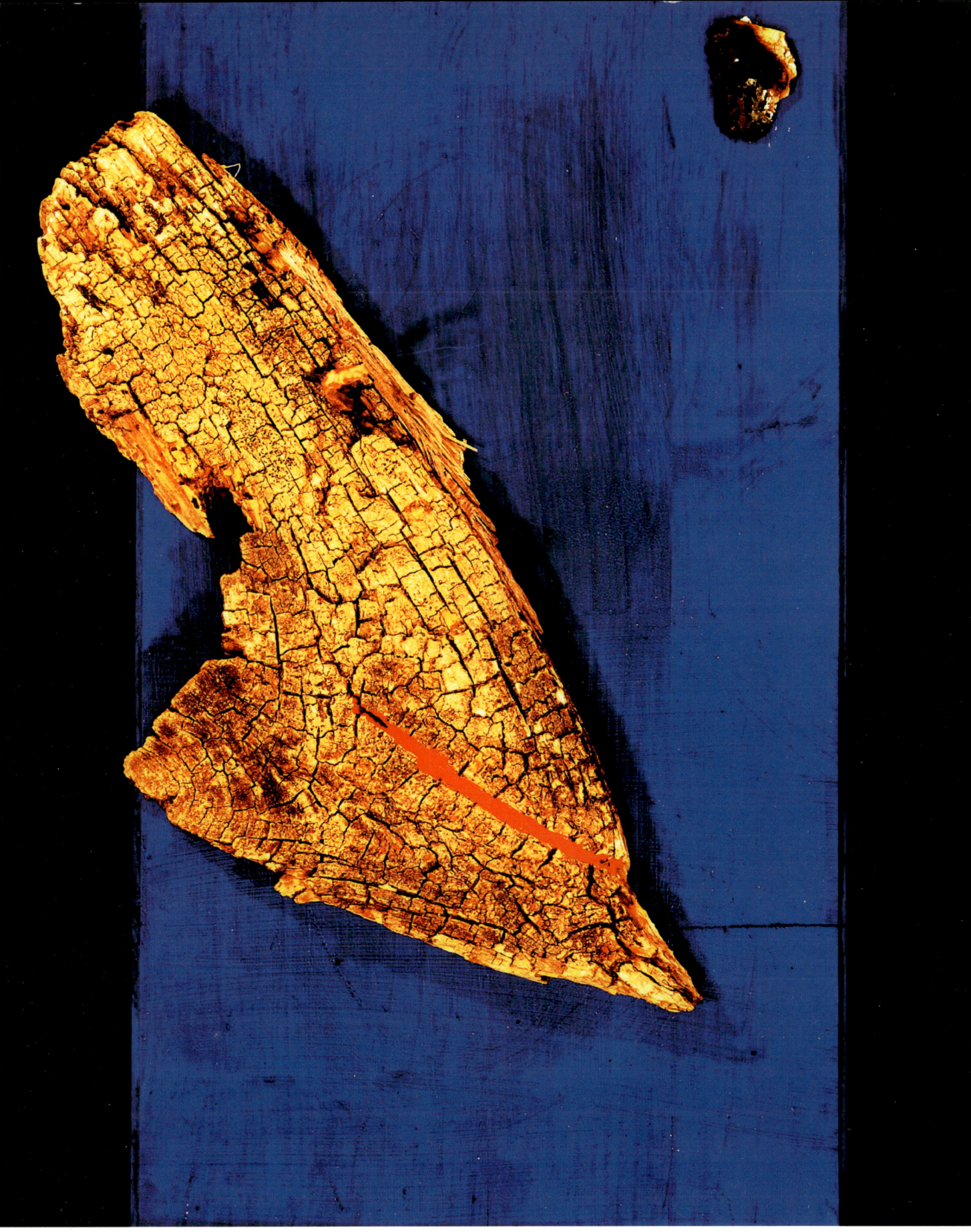

Der Angst entgegen

„Eine Hilfe ist, sich die Angst einzugestehen, aber gleich daran zu glauben, dass in mir ein Raum ist, zu dem die Angst keinen Zutritt hat."

Anselm Grün

„Wenn ein Mensch seinen eigenen Schmerz nicht erleben darf und kann, weil er dazu angehalten wurde, ihn als schwach abzutun, wird er ihn in anderen Lebewesen suchen müssen. Ein solcher Mensch wird andere erniedrigen, quälen oder verstümmeln, um des eigenen verdrängten und verneinten Schmerzes habhaft zu werden. Zugleich wird er dieses Tun leugnen, um seine eigene seelische Verstümmelung zu verbergen. Diese Verleugnung aber macht aus Opfern Täter, und sie führt ferner dazu, dass wir alle bis zu einem gewissen Grad Schwierigkeiten haben, Opfer und Täter zu unterscheiden: Die Opfer werden als Täter und die Täter werden als Opfer gesehen. Diese Verwechslung ist charakteristisch für unsere Kultur.
In unserer Kultur werden Kinder – Jungen stärker als Mädchen – dazu erzogen, sich für ihre Tränen, ihre Verzweiflung, ihre seelischen Verletzungen zu schämen. Indem wir aber dem Zwang, Schmerz zu verneinen, ausgesetzt wurden, in welchem Maß auch immer, werden wir unseren eigenen Schmerz nicht erkennen können. Und wir werden aus demselben Grund auch den Schmerz, der einem anderen zugefügt wird, nicht wahrhaben wollen."

Arno Gruen
„Der Verlust des Mitgefühls"

Blackout

Quo vadis?

Schmerzfluss

Biografie einer suchtkranken Familie

„Indem wir unsere Augen vor Gewalttätigkeit verschließen, fördern wir sie. Gleichgültigkeit und Angst vor wahrem Schmerz bewirken, dass wir diesen immer weniger wahrnehmen. Sonst müssten wir ja etwas tun. Aber Verantwortung übernehmen macht Angst, und so bleiben wir lieber gleichgültig."

Arno Gruen
„Der Verlust des Mitgefühls"

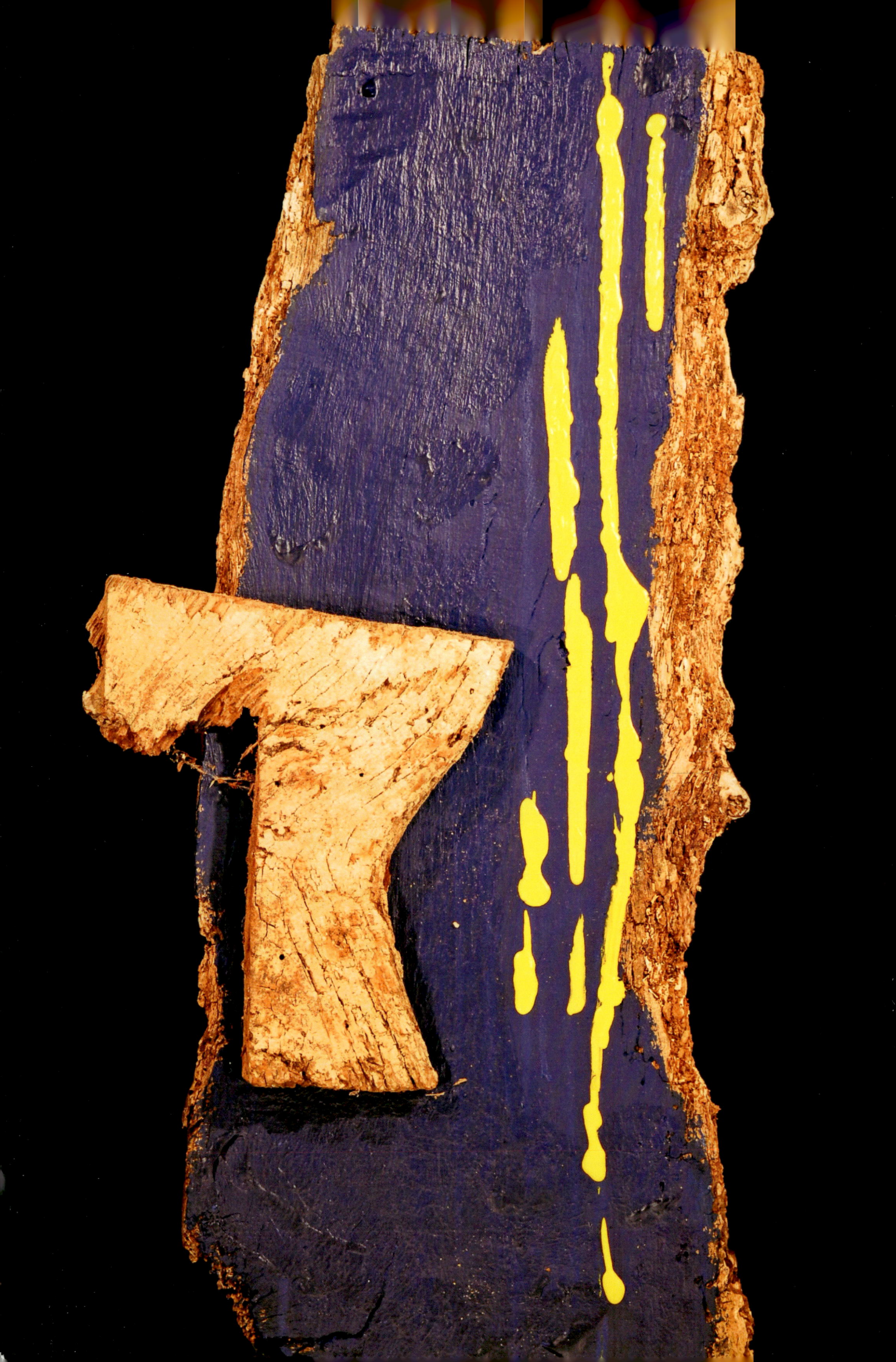

Coppa del Mondo
Weltpokal der Straßenkinder

Verschüttet

Begraben unter
den Verletzungen, Frustrationen und Ängsten
Begraben unter
Minderwertigkeitsgefühlen und dem Wissen
immer stark sein zu müssen
Begraben unter
dem Gefühl, überflüssig zu sein,
kämpft es gegen Sauerstoffmangel
und die Gefahr, vergessen zu werden
Kämpft es noch?
Leises Klopfen in langen Abständen
wäre zu hören, wenn jemand hören wollte
Wer nimmt eine Schaufel in die Hand?
Wer holt eine Planierraupe?
Wer macht sich die Finger dreckig
dafür, dass es leben und atmen kann –
mein Gefühl: LIEBE?

Hans-Martin Haist

Gewalt

„Es bleibt ein Erlebnis von unvergleichlichem Wert, dass wir die großen Ereignisse der Weltgeschichte einmal von unten – aus der Perspektive der Ausgeschalteten, der Beargwöhnten, Schlechtbehandelten, Machtlosen, Unterdrückten und Verhöhnten – kurz der Leidenden sehen gelernt haben."

Dietrich Bonhoeffer,
deutscher Widerstandskämpfer,
der am 9. April 1945 ermordet wurde

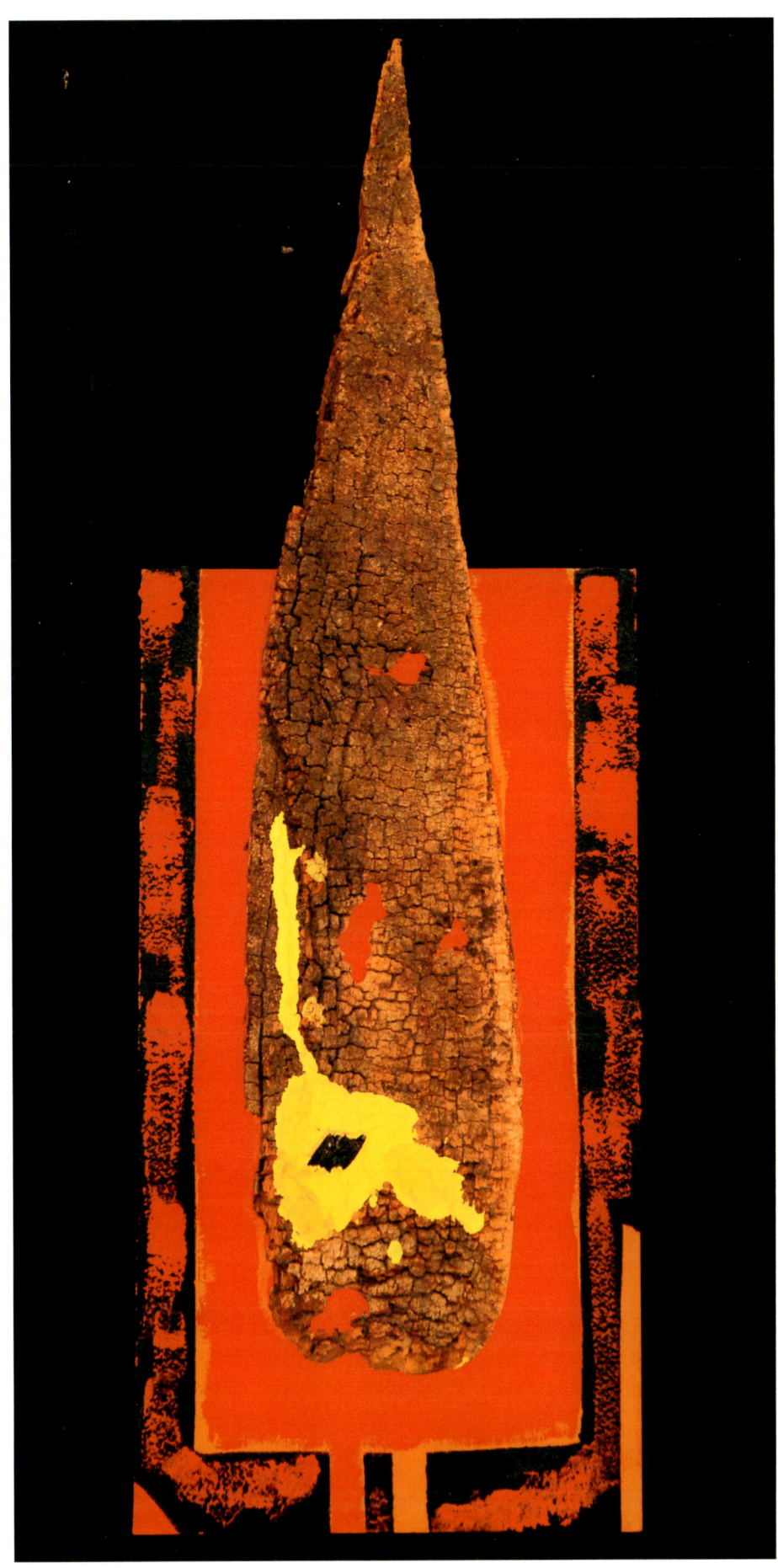

Die Wölfe in mir

Eines Tages kam ein Enkel zu seinem Großvater und erzählte ihm voller Wut davon,
dass ihm durch einen Mitschüler zuvor Unrecht widerfahren war. Der Großvater antwortete:
„Ich möchte dir eine Geschichte erzählen.

Auch ich habe häufig großen Hass auf diejenigen gehabt, die mir etwas angetan hatten.
Aber Hass kostet dich Kraft; deinen Gegner hingegen verletzt er nicht. Es ist so,
als würdest du Gift nehmen und darauf hoffen, dass dein Gegner stirbt.
Ich habe immer und immer wieder mit diesen Gefühlen kämpfen müssen."

Er nickte und fuhr fort: „Es ist, als würden zwei Wölfe in mir leben; einer ist gut
und tut nichts böses. Er lebt in Einklang mit allem um mich und er greift nicht an,
wenn ich nicht wirklich angegriffen wurde.
Er kämpft nur, wenn es recht ist, dies zu tun und er kämpft anständig.

Aber der andere Wolf, ach! Er ist voller Wut. Die kleinste Sache bringt ihn auf.
Er kämpft mit jedem, ständig, ohne jeden Grund. Er ist außerstande nachzudenken,
weil seine Wut und sein Hass so groß sind.

Es ist schwer, mit diesen beiden Wölfen in mir zu leben –
denn beide versuchen ständig, meinen Geist zu beherrschen."

Der Enkel schaute gespannt in seines Großvaters Augen und fragte:
„Welcher von beiden siegt, Großvater?"

Der Großvater sagte feierlich: „Der, den ich füttere."

Autor unbekannt (Übersetzung aus dem Amerikanischen)

Danke

- *Prof. Frieder Wagner hat mir in einem Seminar den Zugang zu dieser Form der Kreativität geöffnet.*

- *Die Familie Gerhard und Marlies Schuler hat dieses Buch für die Stiftung EIGEN-SINN finanziert.*

- *Andrea Guth hat mit ihrem einzigartigen Blick die Werke fotografiert und ins rechte Licht gerückt.*

- *Jürgen Keller von der Agentur Media-Seven GmbH hat die Gestaltung ermöglicht.*

Ganz herzlichen Dank an all diese wunderbaren Mithelfer.

Jetzt wünsche ich dem Buch noch einen guten Erlös, um die Projekte der Stiftung EIGEN-SINN weiter finanzieren zu können.

Helfen Sie mit
Herzlichen Dank

Hans-Martin Haist

Stiftung EiGEN-SiNN	**Spendenkonten**	
Wölperwiesenweg 1	Kto. 500 50	Kto. 29 777 003
72250 Freudenstadt	Kreissparkasse FDS	Volksbank FDS
www.stiftung-eigensinn.de	BLZ 642 510 60	BLZ 642 910 10